Stanisław Krzysztof Mokwa

The Sukhoi Su-24

Su-24 (*Fencer*) is a Soviet jet bomber with variable-geometry wings. The aircraft was supposed to be a response to the American F-111, and therefore it's structurally similar. Su-24 can operate in any weather conditions, also at night. It was designed to carry tactical nuclear weapons.

In the 1960s, the military command of the Soviet Union set requirements for a new attack aircraft that would be able to operate despite strong anti-aircraft defence of NATO troops. An aircraft was expected to fly on a very low altitude at a very high speeds. Initially, it was based on Su-7 and Su-15 airframes, but due to the decision to use variable-geometry wing, it was necessary to build a completely new structure. Variable geometry allowed to achieve high speeds while maintaining good take-off and landing characteristics. This is how Su-24 was born.

The first prototype was flown on July 2, 1967 (marked as T6-1), and the second on January 17, 1970 (T6-2I). Variable-geometry wings were only used in the second prototype. In December 1971, the first serial Su-24 was built, but due to the prolonged acceptance tests (lasting until 1974), the aircraft officially did not become operational until February 1975. Su-24 was named *Fencer* in the NATO code.

Sukhoi's design office worked on an improved version of the aircraft, the Su-24M. More extensive armament was used, the navigation system and sights were improved. The machine also had a larger range due to the possibility of refueling in flight. Prototypes were tested in 1977, two years later Su-24M went into production. The new aircraft was designated *Fencer-D* in the NATO code. A specialized reconnaissance version – Su-24MR and for electronic warfare – Su-24MP were also created on the basis of Su-24M

The Su-24M bomber is today the backbone of Russian attack air force.

Su-24 (*Fencer*) to radziecki odrzutowy samolot bombowy o zmiennej geometrii skrzydeł. Samolot miał stanowić odpowiedź na amerykańskiego F-111, w związku z czym konstrukcyjnie jest do niego wyraźnie podobny. Su-24 może operować w każdych warunkach atmosferycznych, także w nocy. Może również przenosić taktyczną broń jądrową.

W latach 60. XX wieku dowództwo wojskowe Związku Radzieckiego określiło wymagania wobec nowego samolotu uderzeniowego, który byłby w stanie operować przy silnej obronie przeciwlotniczej wojsk natowskich. Oczekiwano samolotu, który mógłby przeprowadzić nalot z bardzo niskiego pułapu przy bardzo dużej prędkości. Początkowo bazowano na płatowcach Su-7 i Su-15, ale ze względu na decyzję o zastosowaniu zmiennej geometrii skrzydeł konieczne było zbudowanie zupełnie nowej konstrukcji. Zmienna geometria pozwalała na osiągnie dużych prędkości przy zachowaniu dobrych charakterystyk startu i lądowania. W ten sposób do życia zrodził się Su-24.

Pierwszy prototyp oblatano 2 lipca 1967 roku (był oznaczony jako T6-1), zaś drugi 17 stycznia 1970 roku (T6-2I). Skrzydła o zmiennej geometrii zastosowano dopiero w drugim prototypie. W grudniu 1971 roku powstał pierwszy seryjny Su-24, ale ze względu na przedłużające się próby odbiorcze (trwające aż do 1974 roku) samolot oficjalnie trafił do uzbrojenia dopiero w lutym 1975 roku. Su-24 otrzymał w kodzie NATO nazwę *Fencer*.

W biurze konstrukcyjnym Suchoja pracowano również nad ulepszoną wersją omawianego samolotu, czyli Su-24M. Zastosowano bardziej rozbudowane uzbrojenie, poprawiono system nawigacyjny i systemy celownicze. Maszyna dysponowała ponadto większym zasięgiem ze względu na możliwość tankowania w locie. Po oblocie prototypów w 1977 roku dwa lata później Su-24M trafił do produkcji. Nowy samolot otrzymał w kodzie NATO oznaczenie *Fencer-D*. Na bazie Su-24M stworzono również wyspecjalizowaną wersję rozpoznawczą – Su-24MR oraz do walki radioelektronicznej – Su-24MP

Bombowiec Su-24M stanowi dziś trzon rosyjskiego lotnictwa uderzeniowego.

The Sukhoi Su-24 • Stanisław Krzysztof Mokwa
First edition / Wydanie pierwsze • LUBLIN 2019 • ISBN 978-83-66148-74-1

Translation / Tłumaczenie: **Stanisław Powała-Niedźwiecki** • Color profiles / Plansze barwne: **Anastasios Polychronis**
• Scale drawings / Rysunki techniczne: **Stanisław Krzysztof Mokwa** • Design: **KAGERO STUDIO**

Distribution / Dystrybucja: Kagero Publishing • www.kagero.pl • e-mail: kagero@kagero.pl, marketing@kagero.pl
Editorial Office, Marketing / Redakcja, Marketing: Kagero Publishing, ul. Akacjowa 100, os. Borek, Turka, 20-258 Lublin 62, Poland, phone/fax +48 81 501 21 05

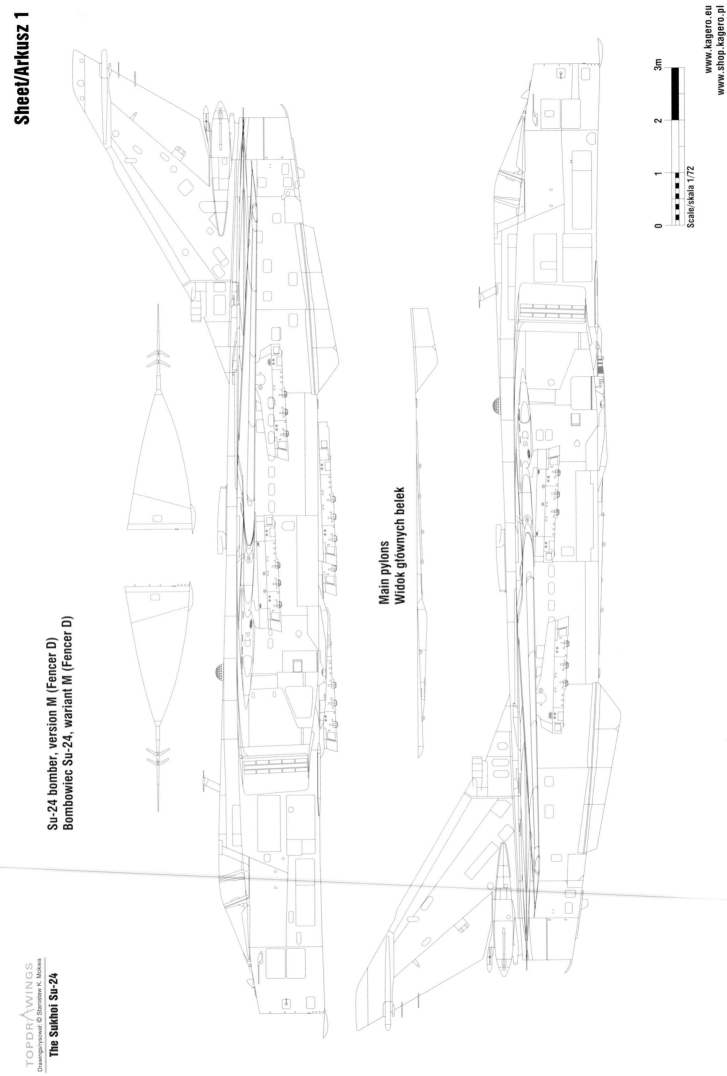

Su-24 bomber, version M (Fencer D)
Bombowiec Su-24, wariant M (Fencer D)

Main pylons
Widok głównych belek

TOPDRAWINGS
Drawings/rysował © Stanisław K. Mokwa
The Sukhoi Su-24

Scale/skala 1/72

0   1   2   3m

www.kagero.eu
www.shop.kagero.pl

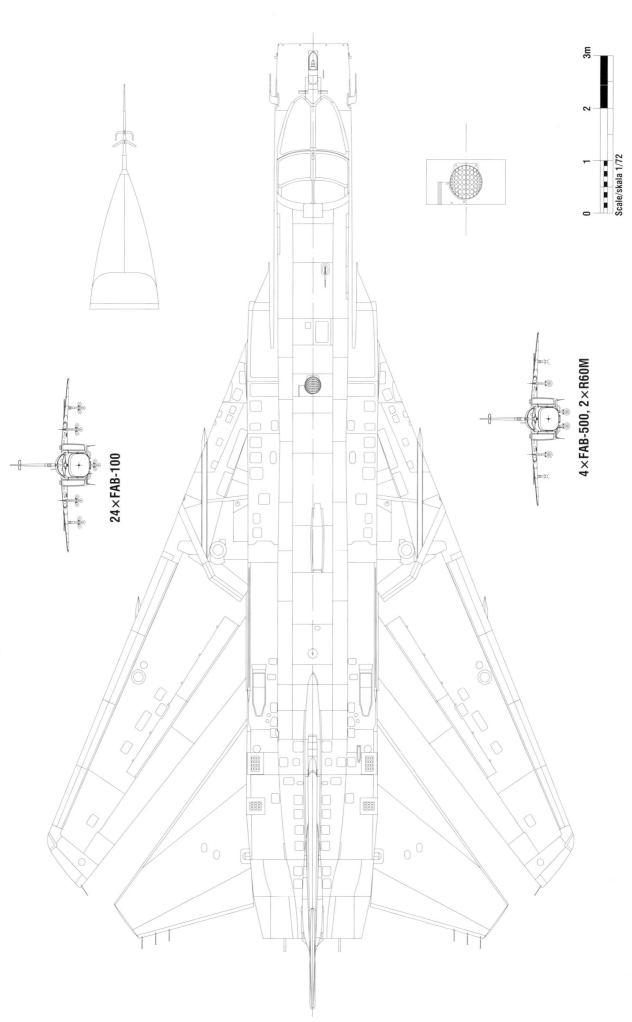

3m

2

1

0

Scale/skala 1/72

24×FAB-100

4×FAB-500, 2×R60M

Su-24 bomber, version M (Fencer D)
Bombowiec Su-24, wariant M (Fencer D)

TOPDRAWINGS
Drawings/rysował © Stanisław K. Mokwa

The Sukhoi Su-24

Su-24 bomber, version M (Fencer D)
Bombowiec Su-24, wariant M (Fencer D)

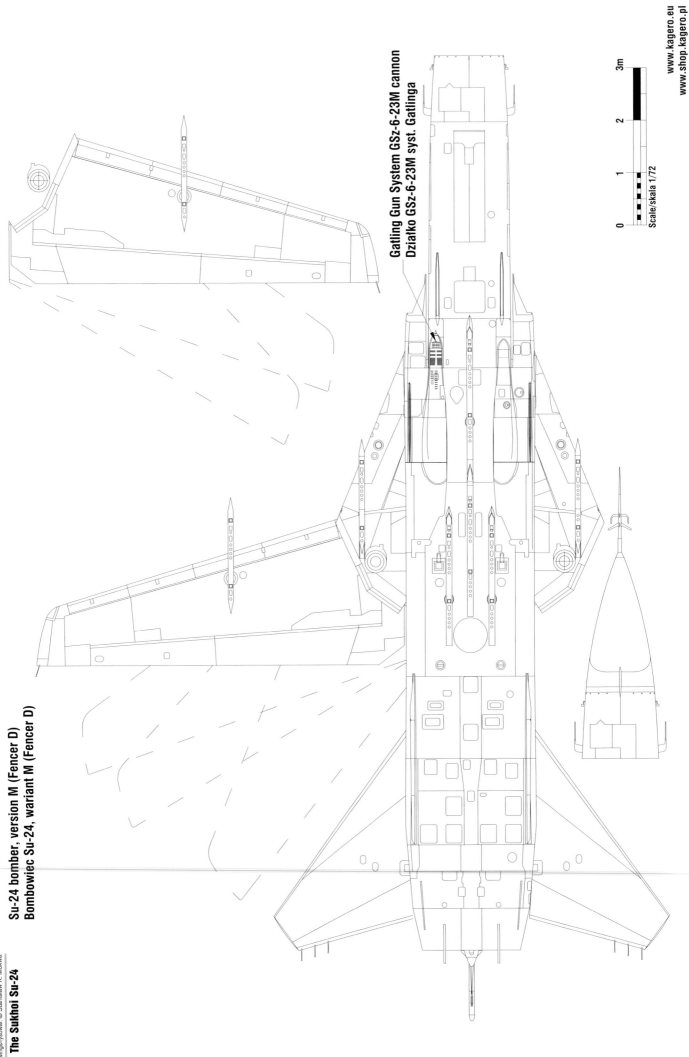

Gatling Gun System GSz-6-23M cannon
Działko GSz-6-23M syst. Gatlinga

www.kagero.eu
www.shop.kagero.pl

Scale/skala 1/72

0   1   2   3m

TOPDRAWINGS
Drawings/rysował: © Stanisław K. Mokwa

The Sukhoi Su-24

www.kagero.eu
www.shop.kagero.pl

0   1   2   3m

Scale/skala 1/72

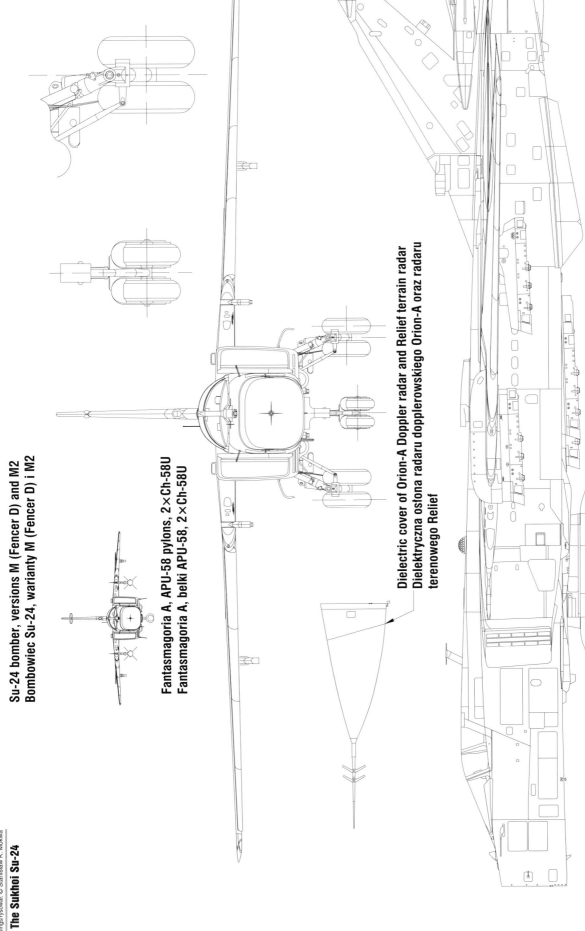

Su-24 bomber, versions M (Fencer D) and M2
Bombowiec Su-24, warianty M (Fencer D) i M2

Fantasmagoria A, APU-58 pylons, 2×Ch-58U
Fantasmagoria A, belki APU-58, 2×Ch-58U

Dielectric cover of Orion-A Doppler radar and Relief terrain radar
Dielektryczna osłona radaru dopplerowskiego Orion-A oraz radaru terenowego Relief

Su-24M2 with standard Kajra-24 container and underwing L-080 Fantasmagoria A equipment container
Su-24M2, ze standardowym zasobnikiem Kajra-24 i podwieszonym zasobnikiem L-080 Fantasmagoria A

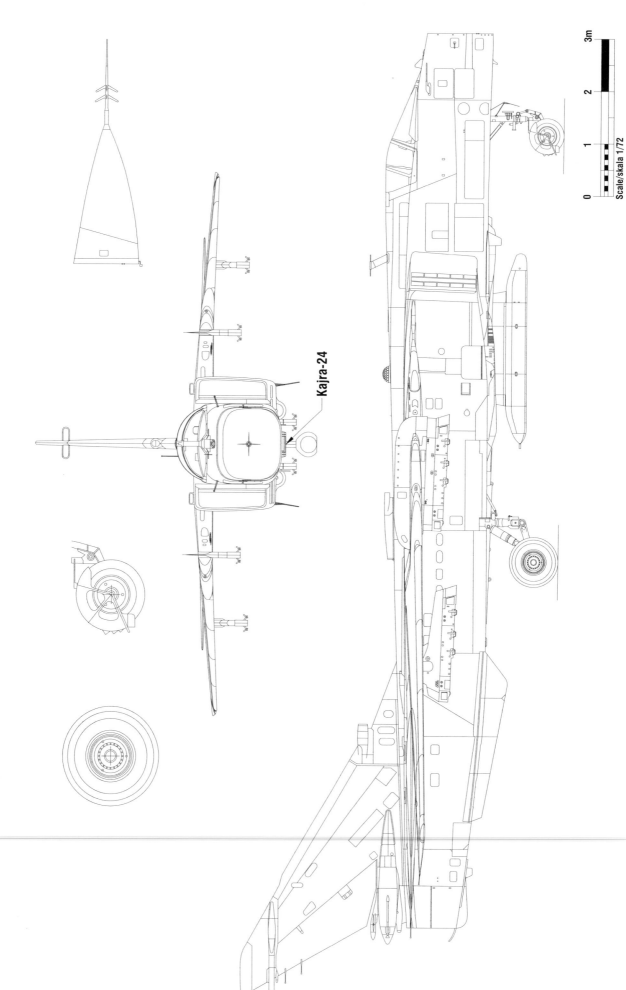

Su-24 bomber, version M2 (Fencer D), of 30. Air Force, 21. BAP, Dzhida airbase
Bombowiec Su-24, wariant M2 (Fencer D), 30. Armia Lotnicza, 21. BAP, baza lotnicza Dżida

Kajra-24

www.kagero.eu
www.shop.kagero.pl

0   1   2   3m
Scale/skala 1/72

www.kagero.eu
www.shop.kagero.pl

3m

2

1

0

Scale/skala 1/72

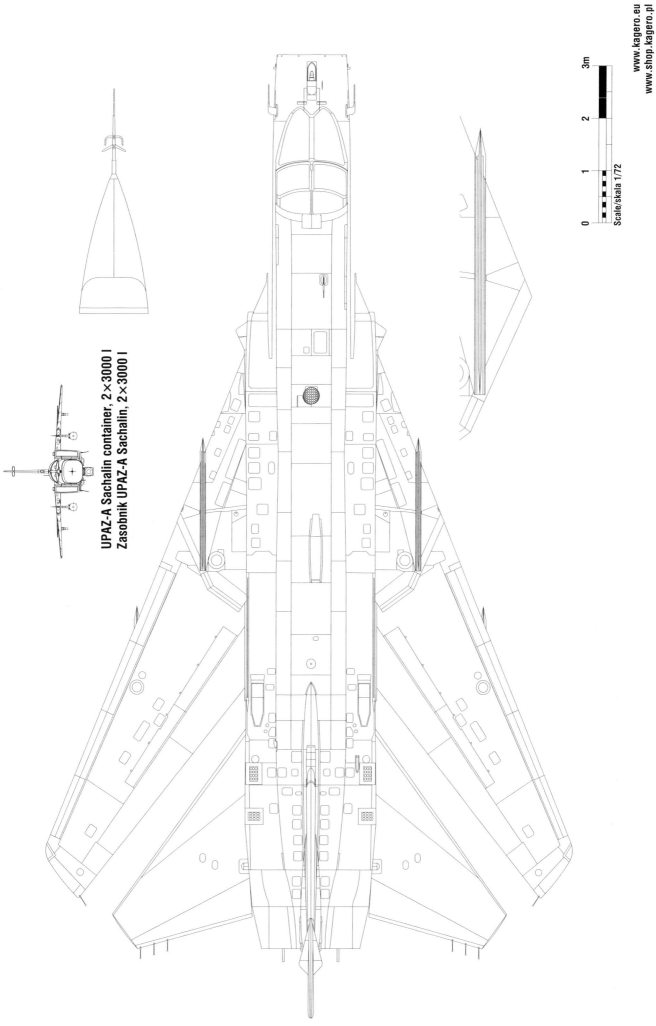

UPAZ-A Sachalin container, 2×3000 l
Zasobnik UPAZ-A Sachalin, 2×3000 l

Su-24 bomber, version M2 (Fencer D)
Bombowiec Su-24, wariant M2 (Fencer D)

TOPDRAWINGS
Drawings/rysował: © Stanisław K. Mokwa
The Sukhoi Su-24

www.kagero.eu
www.shop.kagero.pl

Su-24 bomber, version M2 (Fencer D)
Bombowiec Su-24, wariant M2 (Fencer D)

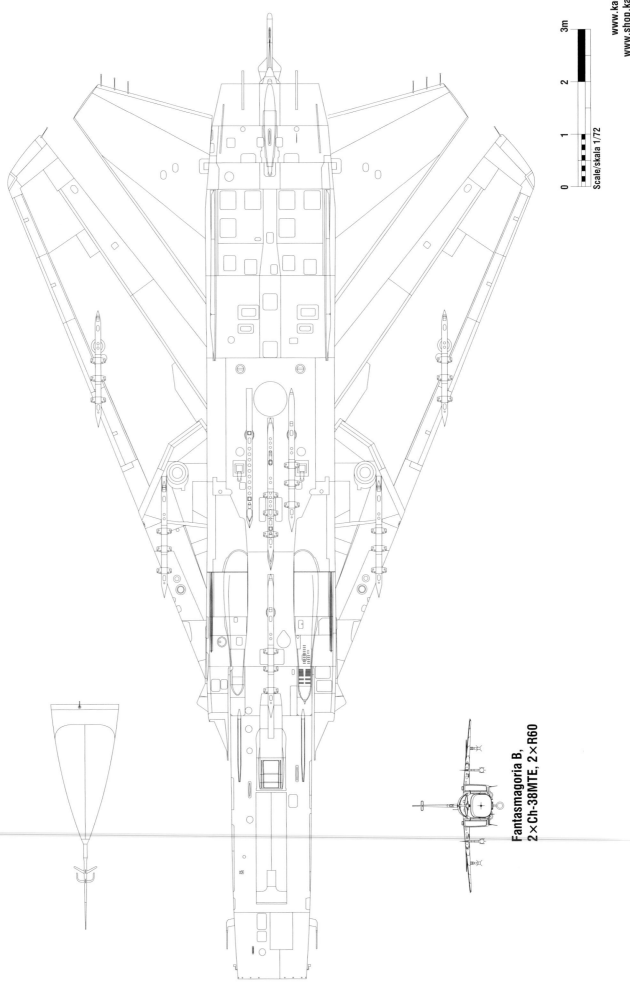

Fantasmagoria B,
2×Ch-38MTE, 2×R60

Scale/skala 1/72

0   1   2   3m

Su-24M, Blue 94, 239th TsPAT, Kubinka AB.

Su-24M „niebieskie 94", z 239. Centrum Demonstracyjnego Technologii Lotniczych. Baza lotnicza w Kubince.

Su-24MR, Yellow 35, Ukrainian Air Force, Starokonstantinov AB, 2015.

Su-24MR „żółte 35" w barwach Ukraińskich Sił Powietrznych. Baza lotnicza Starokonstantynów, 2015 rok.

Painted by / Malował:
Anastasios Polychronis

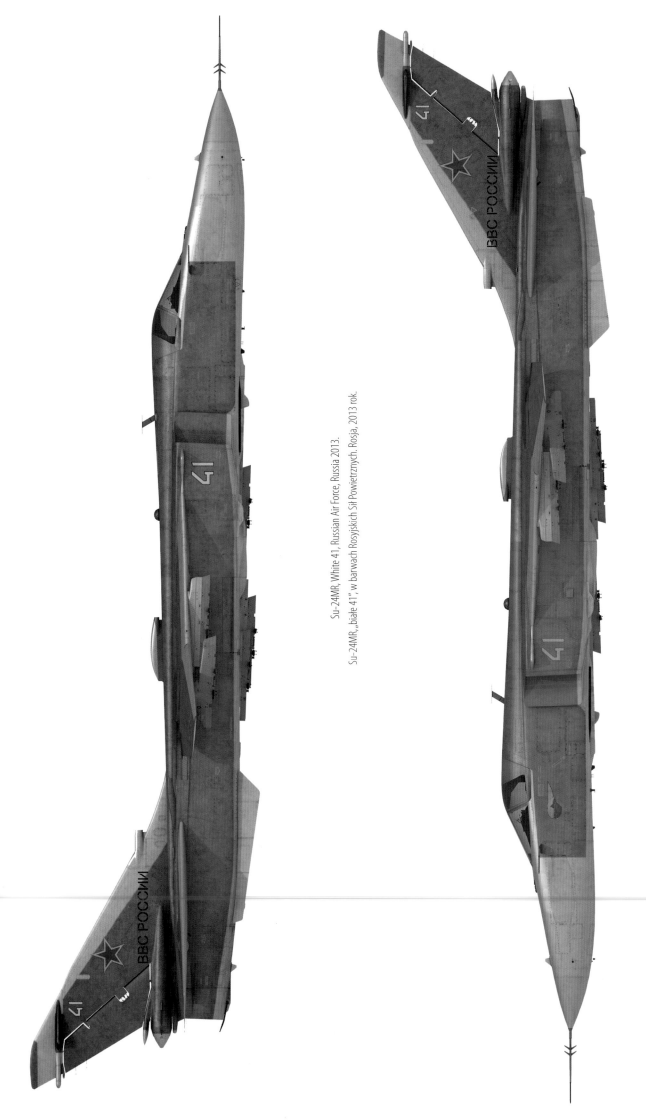

Su-24MR, White 41, Russian Air Force, Russia 2013.
Su-24MR „białe 41", w barwach Rosyjskich Sił Powietrznych. Rosja, 2013 rok.

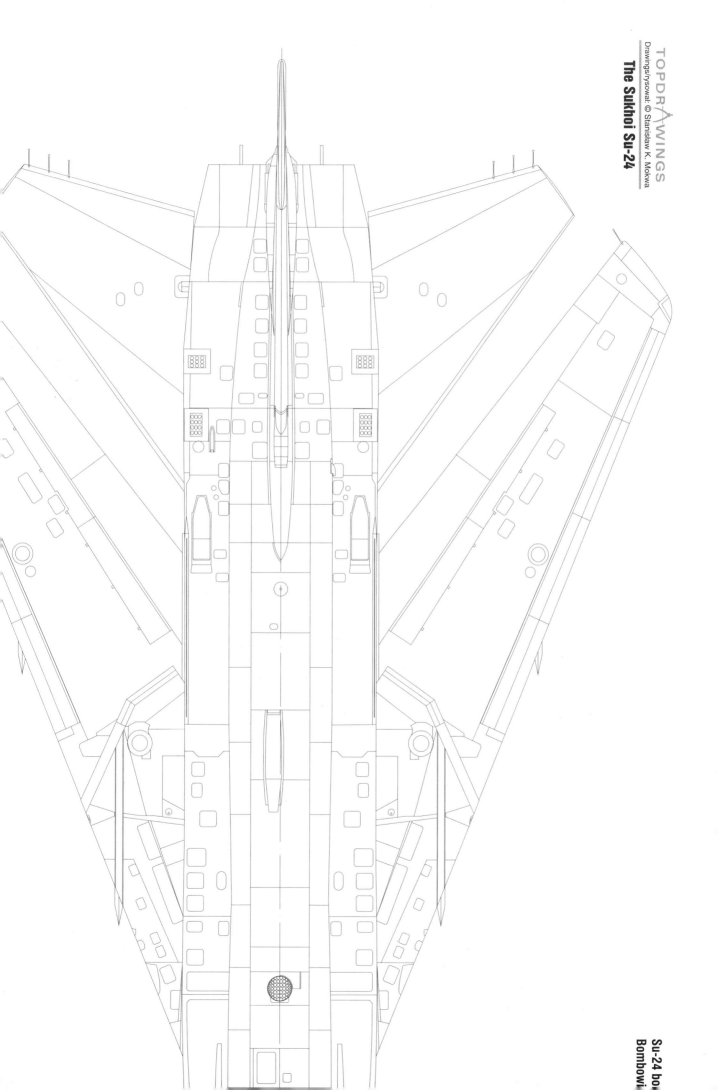

TOPDRAWINGS
Drawings/rysował: © Stanisław K. Mokwa
The Sukhoi Su-24

Su-24 bo
Bombowi

Sheet/Arkusz B

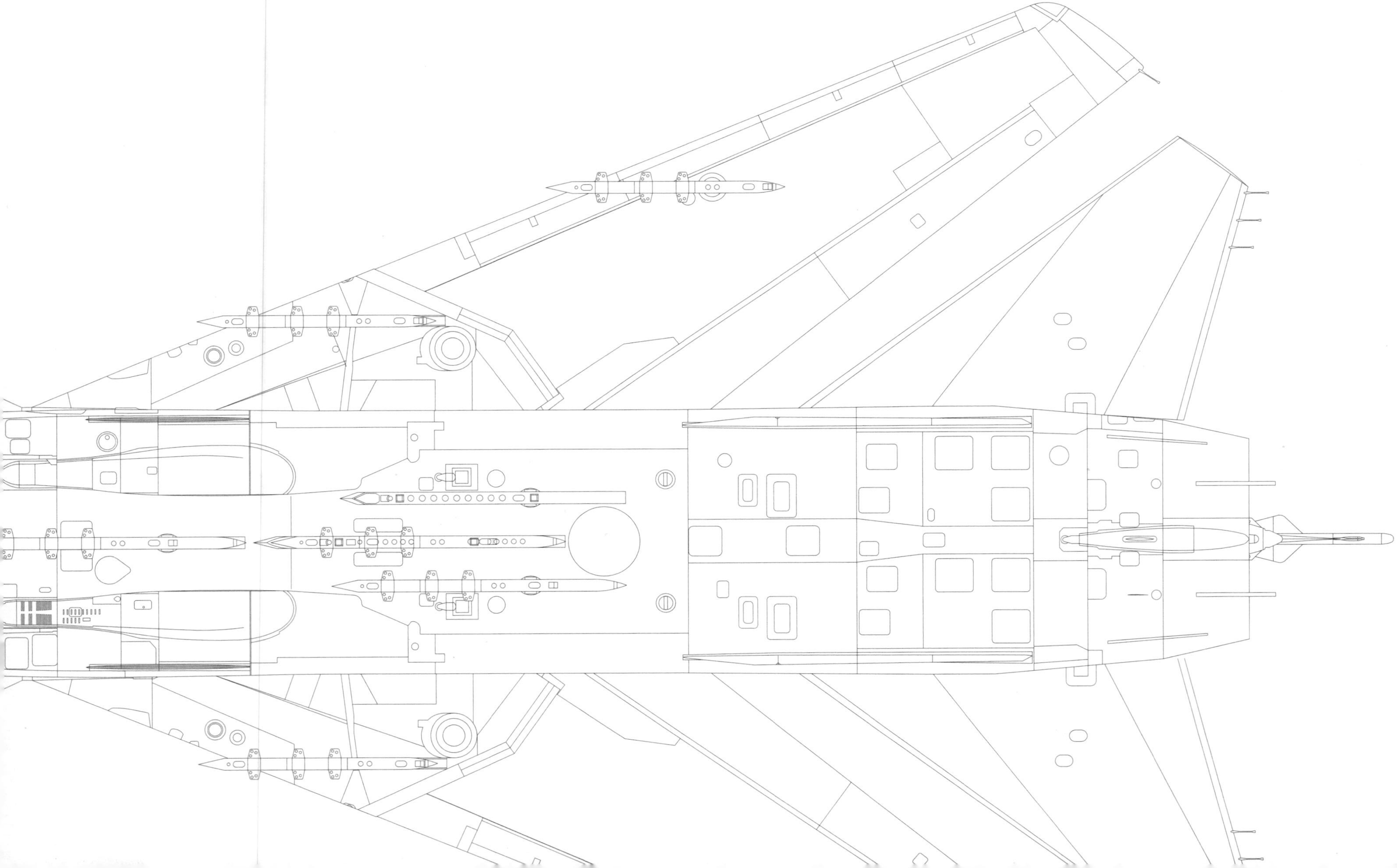

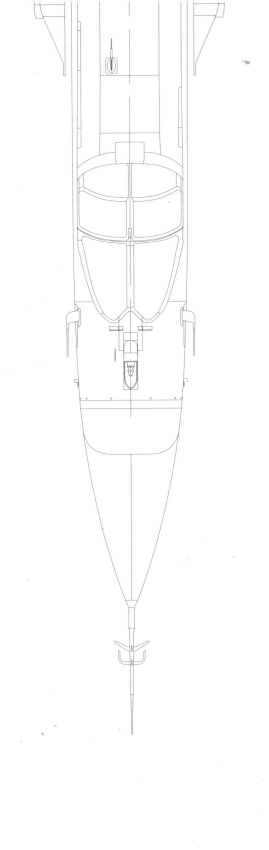

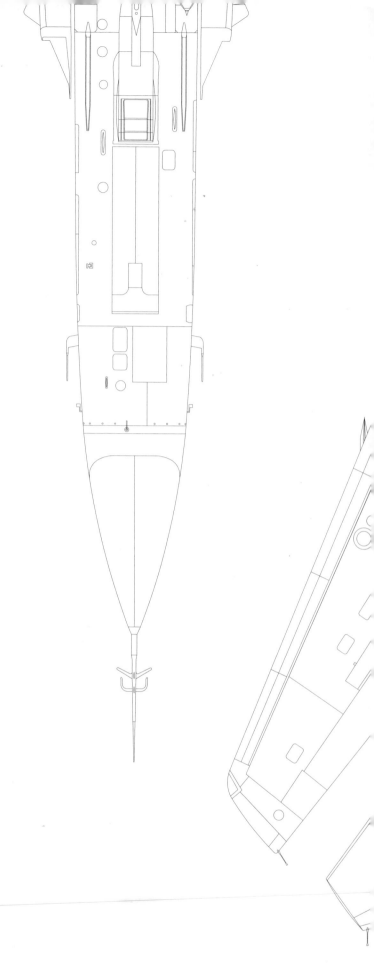

Su-24 bomber, version M2 (Fencer D)
Bombowiec Su-24, wariant M2 (Fencer D)

Painted by / Malował:
Janusz Światłoń

Painted by / Malował:
Anastasios Polychronis

Su-24M, Red 09, Krasnodar Higher United Flight-Technical School, 1993.
Su-24M „czerwone 09", Krasnodarska Wyższa Wojskowa Szkoła Lotnicza, 1993 rok.

Su-24M, 143th BAP, White 20, Kopet-Nari.
Su-24M „białe 20",143. BAP, Kopitnari.

www.kagero.eu
www.shop.kagero.pl

Su-24 bomber, version MR (Fencer E)
Bombowiec Su-24, wariant MR (Fencer E)

The Sukhoi Su-24

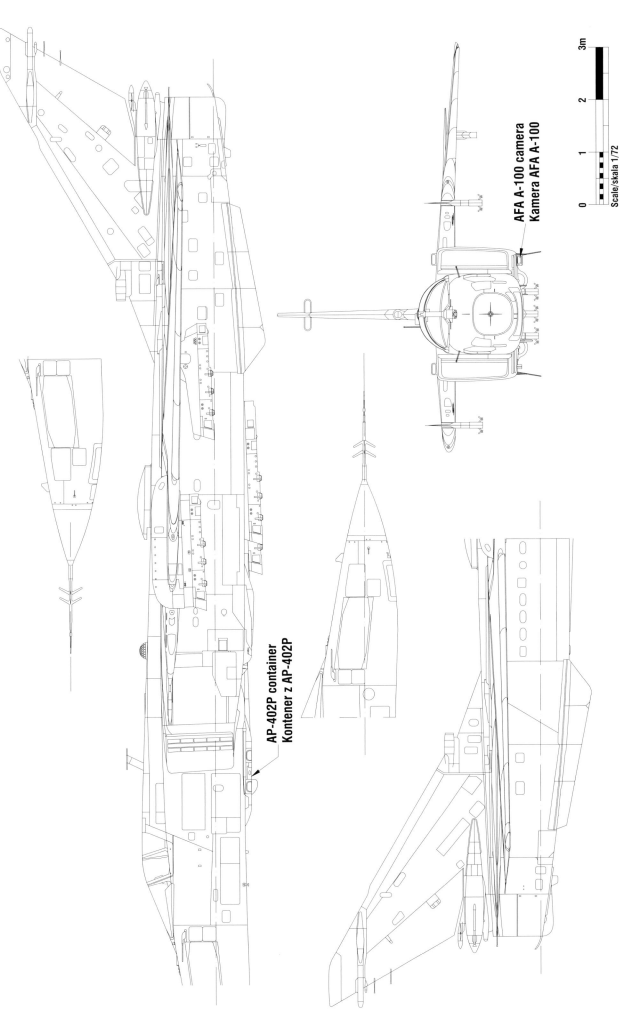

AFA A-100 camera
Kamera AFA A-100

AP-402P container
Kontener z AP-402P

Scale/skala 1/72

0   1   2   3m

3m

2

1

0

Scale/skala 1/72

Su-24 bomber, version MR (Fencer E)
Bombowiec Su-24, wariant MR (Fencer E)

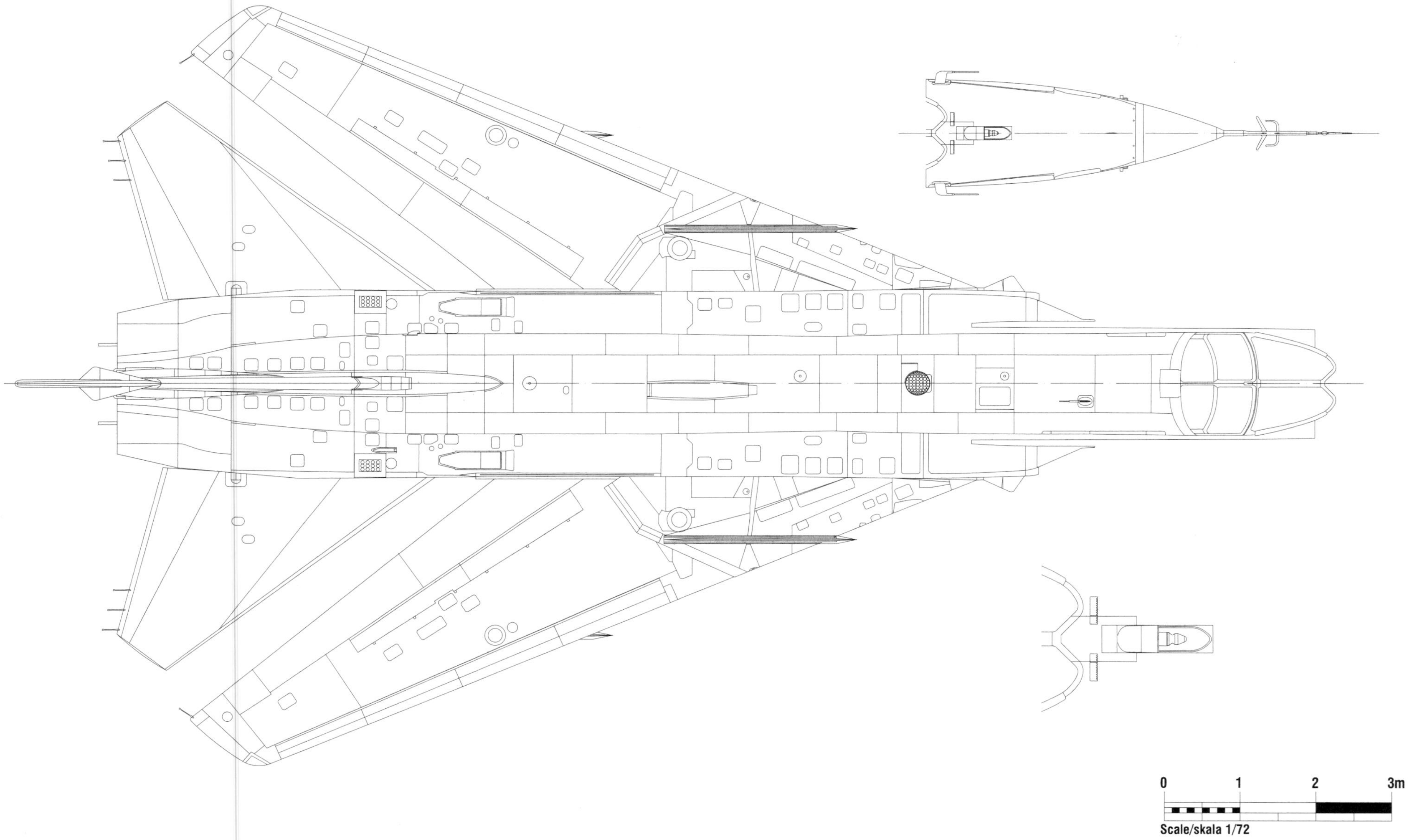

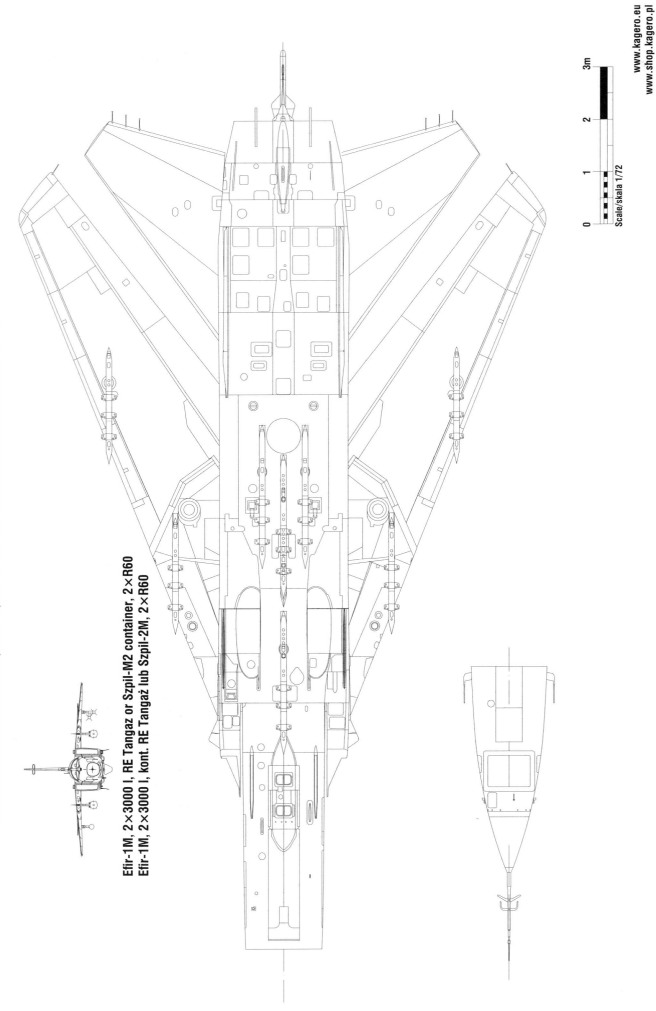

Su-24 bomber, version MR (Fencer E), of 23. Army, 125. ORAP, Domna airbase, 1991
Bombowiec Su-24, wariant MR (Fencer E), 23. Armia, 125. ORAP, baza lotnicza Domna, 1991 r.

Efir-1M, 2×3000 l, RE Tangaz or Szpil-M2 container, 2×R60
Efir-1M, 2×3000 l, kont. RE Tangaż lub Szpil-2M, 2×R60

www.kagero.eu
www.shop.kagero.pl

Scale/skala 1/72

0   1   2   3m

TOPDRAWINGS

Drawings/rysował: © Stanisław K. Mokwa

The Sukhoi Su-24

www.kagero.eu
www.shop.kagero.pl

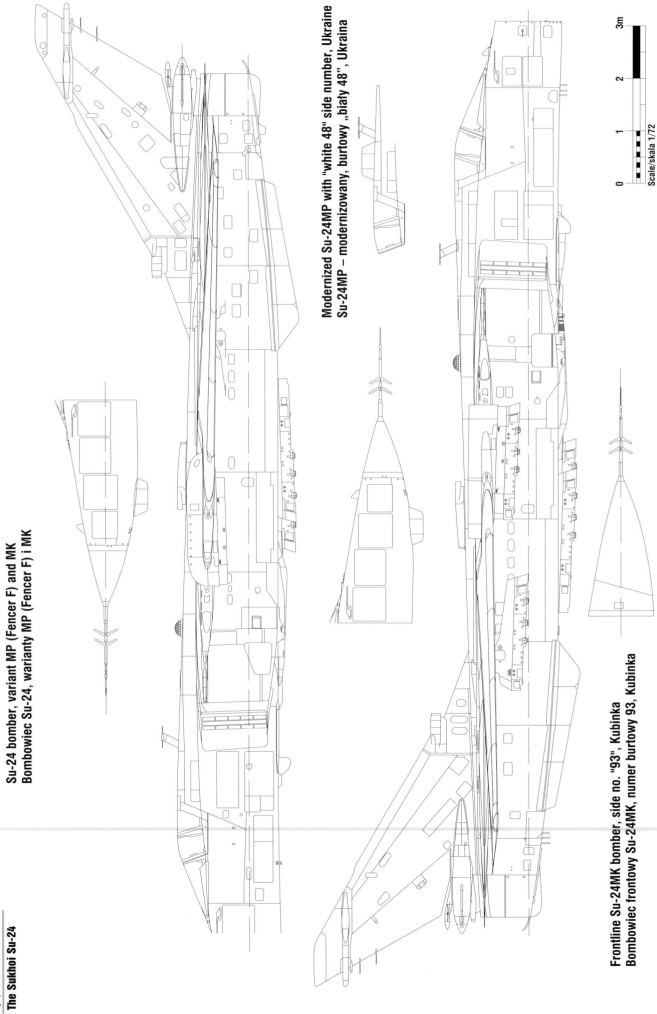

Su-24 bomber, variant MP (Fencer F) and MK
Bombowiec Su-24, warianty MP (Fencer F) i MK

Modernized Su-24MP with "white 48" side number, Ukraine
Su-24MP – modernizowany, burtowy „biały 48", Ukraina

Frontline Su-24MK bomber, side no. "93", Kubinka
Bombowiec frontowy Su-24MK, numer burtowy 93, Kubinka

Scale/skala 1/72
0 1 2 3m

www.kagero.eu
www.shop.kagero.pl

Su-24 bomber, variant MK
Bombowiec Su-24, wariant MK

TOPDRAWINGS
Drawings/rysował: © Stanisław K. Mokwa

The Sukhoi Su-24

Scale/skala 1/72

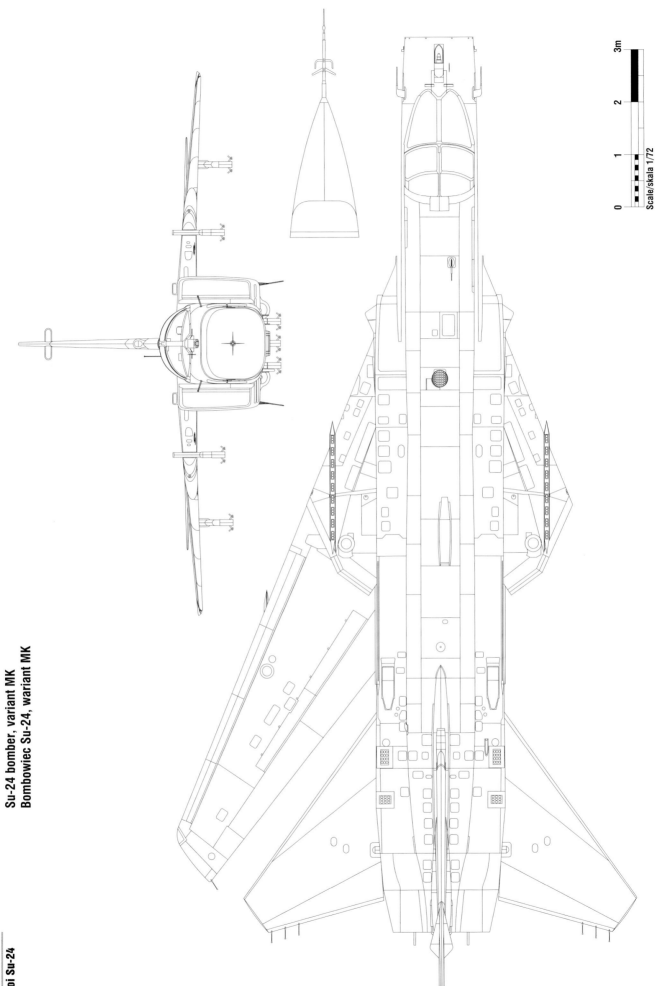

0   1   2   3m

Su-24 [Photo Albert Osiński]

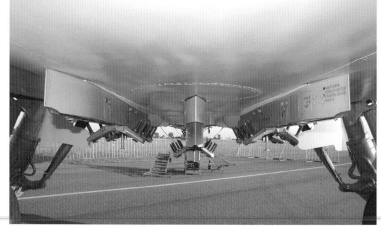

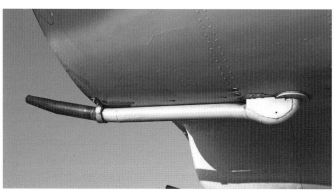